¡Agua, agua y más agua!

Escrito por Christine Taylor-Butler   **Ilustrado por Maurie J. Manning**

Children's Press®
Una división de Scholastic Inc.
Nueva York • Toronto • Londres • Auckland • Sydney
Ciudad de México • Nueva Delhi • Hong Kong
Danbury, Connecticut

A Ken, Alexis y Olivia, con
agradecimientos especiales a Robert, Audrey y Eileen R.
— **C.T.B.**

Con amor, a Shire, de su hada madrina
— **M.J.M.**

Consultora

Eileen Robinson
Especialista en lectura

Información de Publicación de la Biblioteca del Congreso de os EE. UU.

Taylor-Butler, Christine.
  [Water everywhere! Spanish]
  ¡Agua, agua y más agua! / escrito por Christine Taylor-Butler; ilustrado por
Maurice J. Manning.
      p. cm. — (A Rookie reader español)
  Summary: A young child describes some of the many ways water is used.
  ISBN-10: 0-516-25310-7 (lib. bdg.)   0-516-26838-4 pbk.)
  ISBN-13: 978-0-516-25310-7 (lib. bdg.)   978-0-516-26838-5 (pbk.)
  [1. Water—Fiction. 2. Spanish language materials.] I. Manning, Maurice J., ill. II. Title.
III. Series.
  PZ73.T37   2006
  [E]—dc22   2005026501

Ha llegado la mañana.
Ya me voy a levantar.

Me lavo la cara antes de ir a jugar.

Me cepillo los dientes con placer.

Y a mi lagarto le doy de beber.

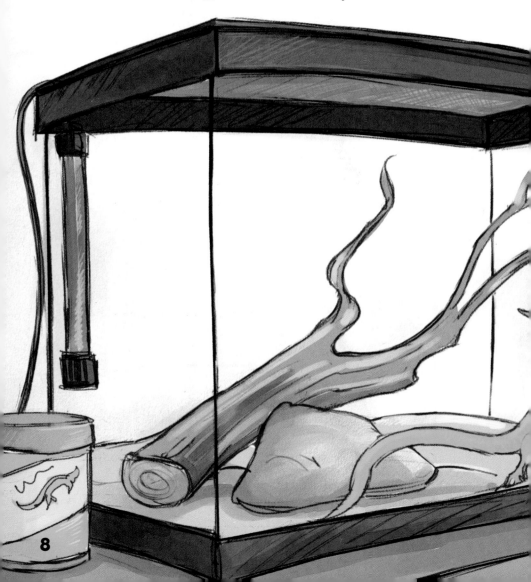

Preparo una jarra de limonada.

Pongo flores en
el jarrón de la sala.

Hago un arco iris
con la manguera.

Miro las nubes,
tendida afuera.

¿Qué pasa?
¡Ha empezado a llover!

Entre los charcos me gusta correr.

Y mi imagen asomarme a ver.

Lleno la bañera hasta arriba.

**Hago mucha espuma
y me froto sin prisa.**

Si no lloviera, podría ir a jugar.

Mañana será otro día.
¡Ahora a descansar!

List de palabras (75 palabras)

a	descansar	imagen	llover	pongo
afuera	día	ir	lloviera	preparo
ahora	dientes	iris	los	prisa
antes	doy	jarra	manguera	qué
arco	el	jarrón	mañana	sala
arriba	empezado	jugar	me	será
asomarme	en	la	mi	si
bañera	entre	las	miro	sin
beber	espuma	lagarto	mucha	tendida
cara	flores	lavo	no	un
cepillo	froto	le	nubes	una
charcos	gusta	levantar	otro	ver
con	ha	limonada	pasa	voy
correr	hago	llegado	placer	y
de	hasta	lleno	podría	ya

Acerca de la autora

Christine Taylor-Butler estudió ingeniería, y arte y diseño en el Instituto Tecnológico de Massachusetts. Es una exploradora de corazón y le encanta jugar en el agua. Cuando no está escribiendo cuentos para niños está sepultada debajo de una montaña de libros. Vive en Kansas City, Missouri, con su esposo, sus dos hijas y un montón de gatos negros.

Acerca de la ilustradora

Las ilustraciones de Maurie J. Manning aparecieron por primera vez en la década del 60, en las últimas páginas de los libros de la biblioteca de sus padres. Desde entonces, ha aprendido que dibujar en los libros ajenos no está permitido, y que es mejor hacer tus propios libros. Es autora e ilustradora de un Libro Notable de la 2004 International Reading Association, y ha ilustrado muchos otros libros. Vive en el sur de California con sus dos hijos, donde disfrutan mucho del agua.